Träum was Schönes!

GROH

Die Sterne, die begehrt
man nicht, man erfreut
sich ihrer Pracht.
Johann Wolfgang von Goethe

Der Mond und die Sterne sind immer da –
doch nur in der Dunkelheit offenbaren
sie ihre ganze Schönheit.
Eine himmlische Pracht, die schon seit
Jahrhunderten Dichter und Denker
zu traumhafter Poesie inspiriert.
Begleitet von diesen wunderbaren Gedanken
lässt es sich entspannt einschlafen …

Gute Nacht und träum was Schönes!

Die Sonne scheint für dich – deinetwegen;
und wenn sie müde wird,
beginnt der Mond, und
dann werden die *Sterne*
angezündet.

Søren Kierkegaard

Foto: DeVice/fotolia

Nimm die schönen
Farben des
Sonnenuntergangs
mit in die
Nacht
und schenke sie
deinen Träumen.

Paul Hufnagel

Den Tag ausklingen lassen

Nach einem anstrengenden Tag
helfen kleine Rituale, um zur Ruhe zu kommen.
Besonders gut geht das mit Musik –
je nach Stimmung mit klassischen, modernen
oder meditativen Klängen. Nichts tun,
einfach nur zuhören. Und Stück für Stück
fällt die Anspannung des Tages ab …

Schlummertipp

Das Leben ist am schönsten,
wenn es einen zur *Ruhe*
kommen lässt.

Marielle Schumann

Foto: Sunnydays/fotolia

Dankbarkeit ist ein Stern,
der vom *Himmel*
in unser Herz fällt.

Angelika Emmert

Mögest du Ruhe finden,
wenn der Tag sich neigt
und deine Gedanken noch
einmal die Orte aufsuchen,
an denen du heute
Gutes erfahren hast.

aus Irland

Glück ist, wenn der Mond
die Sonne friedlich von ihrer
Arbeit ablöst.
Katja Heimberg

Foto: Henglein and Steets/cultura/Corbis

Der Mond ist aufgegangen,
die goldnen Sternlein prangen
am Himmel hell und klar;
der Wald steht schwarz und schweiget,
und aus den Wiesen steiget
der weiße Nebel wunderbar.

aus „Abendlied" von Matthias Claudius

Sinnliche Momente

Ein Lavendel-Sahne-Bad entspannt den ganzen Körper und tut der Seele gut:

✦

50 ml Sahne mit 1 ½ EL Mandelöl und 1 EL flüssigem Honig mischen, einige Tropfen Lavendelöl unterrühren und die Mischung ins warme Badewasser geben.

✦

15 Minuten im warmen Wasser entspannen und den beruhigenden Lavendelduft genießen, während Sahne, Mandelöl und Honig die Haut geschmeidig und weich machen.
Am besten anschließend
gleich ins Bett gehen.

Schlummertipp

Foto: iStockphoto/Joe Biafore

Glück erfahren
wir im bewussten
Wahrnehmen
unserer
Sinne.

Patrice Jeancourt

Abends müde in die Kissen sinken
und mit der schönen Gewissheit
einschlafen: Morgen ist ein
neuer Tag!

Der Schlaf
ist doch die
köstlichste Erfindung.
Heinrich Heine

Foto: Hemera/Thinkstock

Alle wichtigen
Gedanken
entscheiden sich
besser in der Nacht.

Epicharmos

Überlass
der Nacht
die Stimme,
überlass ihr
Rat und Heil.
Plutarch

Foto: iStockphoto/Thinkstock

Foto: bradtcast/fotolia

Wie der müde Körper sich im Ausruhen entspannt,
genauso notwendig braucht
die müde Seele *Entspannung.*

Thomas von Aquin

Nun trifft es mich, wie's jeden traf,
ich liege wach, es meidet mich der Schlaf,
nur im Vorbeigehn flüstert er mir zu:
„Sei nicht in Sorg', ich sammle deine Ruh'
und tret' ich ehstens wieder in dein Haus,
so zahl' ich alles dir auf einmal aus."

Theodor Fontane

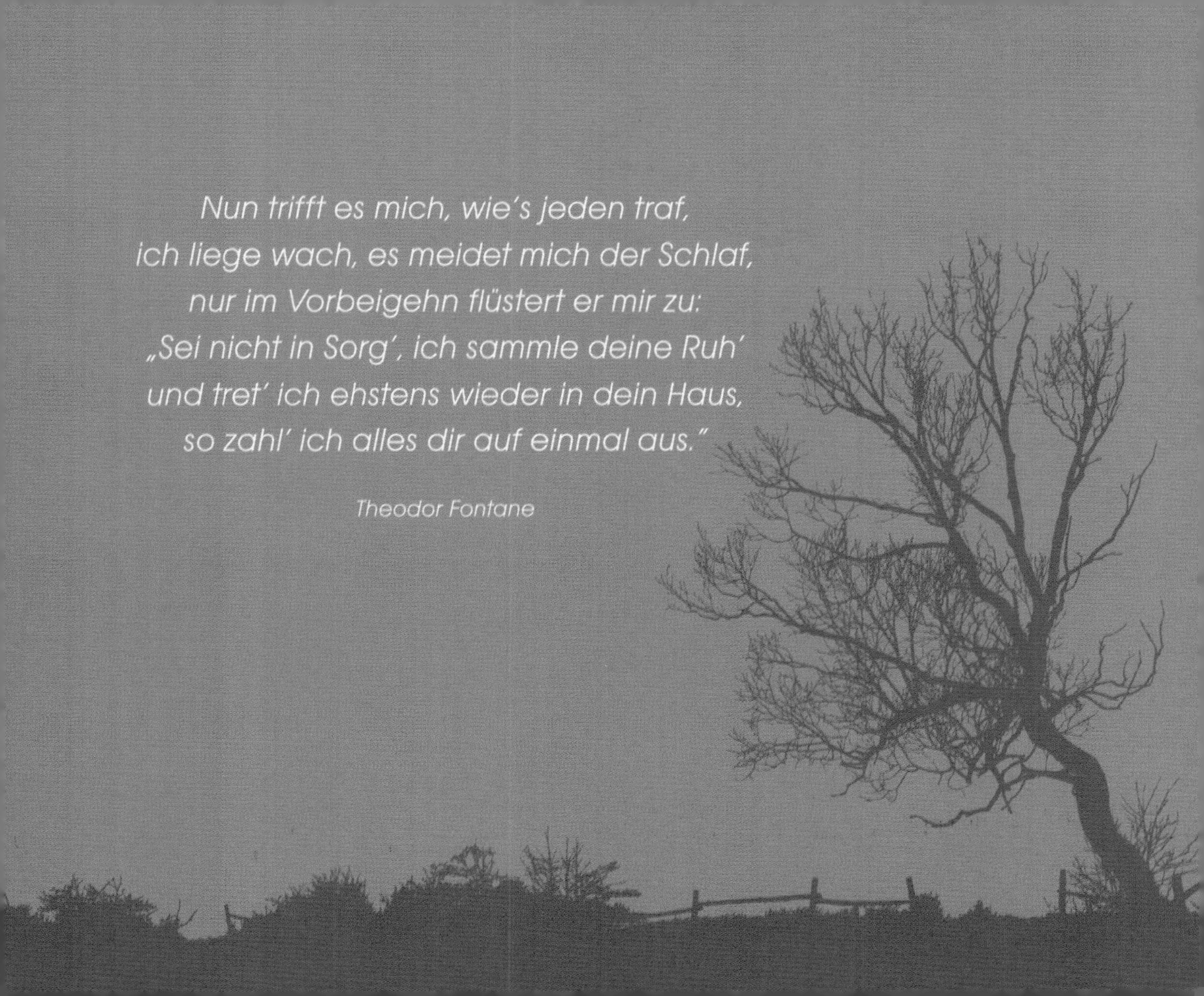

Wir leben, handeln, leiden und freuen
uns ebenso sehr im Schlaf wie im
wachen Zustand!
Unsere *Träume*
sind die Spuren eines wirklichen
Lebens – eines Lebens, das sich
in anderen Sinnen abspielt.

Prentice Mulford

Mögest du auf der *Reise*
durch die Nacht
nur gute Träume haben.

aus Irland

Foto: iStockphoto/Thinkstock

Monde
und Jahre vergehen, aber
ein schöner Moment leuchtet
das ganze Leben hindurch.
Franz Grillparzer

Foto: iStockphoto/Thinkstock

Guter Mond, du gehst so stille
durch die Abendwolken hin;
deines Schöpfers weiser Wille
hieß auf jener Bahn dich ziehn.
Leuchte freundlich jedem Müden
in das stille Kämmerlein!
Und dein Schimmer gieße Frieden
ins bedrängte Herz hinein!

Volkslied

Die *Nächte* lehren viel,
was die Tage niemals wissen.

aus Persien

Die Nacht ist die Mutter
von *Gedanken.*

aus Frankreich

Foto: cmfotoworks/fotolia

Erinnerung ist
die Dankbarkeit des Herzens.

unbekannt

Weißt du noch damals?

Abends ist die beste Zeit,
um in Erinnerungen zu schwelgen.
Ob in alten Briefen lesen,
ein Fotoalbum hervorkramen
oder sich einfach nur in Gedanken
an schöne Momente zurückerinnern –
die Freude über all die erlebten
glücklichen Stunden lässt
uns entspannt einschlafen.

✦

Schlummertipp

Foto: TongRo Images/Thinkstock

Der *Schlaf*
ist für den
ganzen Menschen,
was das Aufziehen
für die Uhr.

Arthur Schopenhauer

Gebt den Leuten mehr Schlaf –
und sie werden wacher sein,
wenn sie *wach* sind.

Kurt Tucholsky

Um ruhig zu werden,
muss der Mensch
nicht denken,
sondern träumen.
Johann Jakob Engel

Foto: LianeM/fotolia

Lass dir ein wenig Zeit
für deine Träume,
um dem *Leben*
gelassener zu begegnen.

Dorothée Bleker

In einer lauen Sommernacht
am offenen Fenster stehen,
in den dunkelblauen Nachthimmel
blicken und nach Sternschnuppen
Ausschau halten – es ist wieder
Wünschezeit!

Je dunkler der Himmel ist,
desto heller
werden die Sterne
erscheinen.
Leonardo da Vinci
Foto: iStockphoto/Long Tran The

Foto: iStockphoto/Thinkstock

Im Traum und in der *Liebe*
erscheint einem alles möglich.

aus Ungarn

Schläft ein Lied in allen Dingen,
die da träumen fort und fort,
und die Welt hebt an zu singen,
triffst du nur das
Zauberwort.

Joseph von Eichendorff

Es gibt keinen
größeren Genuss
auf Erden als den Schlaf,
wenn man schlafen will.
Anton Tschechow

Foto: C.O.T/a.collectionRF/amanaimages/Corbis

Nichts bringt uns
auf unserem Weg
besser voran
als eine *Pause.*

Elizabeth Barrett-Browning

Genieße deine Freiheit
und gib deiner Seele
Raum zum Atmen.
Victor Levin
Foto: iStockphoto/Thinkstock

Ein Augenblick
der *Seelenruhe*
ist besser als alles,
was du sonst
erstreben magst.

aus Persien

Es gibt für den Menschen
keine geräuschlosere und
ungestörtere Zufluchtsstätte
als seine eigene Seele.
Halte recht oft
solche stille *Einkehr*
und erneuere so dich selbst.

Marc Aurel

In der Ruhe
liegt die Kraft.
aus Deutschland

Foto: iStockphoto/Anegada

Seht ihr den Mond dort stehen?
Er ist nur halb zu sehen
und ist doch rund und schön!
So sind wohl manche Sachen,
die wir getrost belachen,
weil unsre Augen sie nicht sehn.

aus „Abendlied" von Matthias Claudius

Foto: Nils Ehnert/fotolia

Träumereien

sind der Mondschein der Gedanken.

Jules Renard

Besser schlafen

Zu gutem Schlaf tragen viele Faktoren bei –
ein ganz wichtiger: das Raumklima.
Nicht zu warm und nicht zu kalt
ist die Devise, ideal sind etwa 18 °C.
Und: Vor dem Schlafengehen noch einmal gut lüften!
Der Raum sollte gut abzudunkeln sein, denn selbst
Straßenlicht, das ins Zimmer fällt, kann wachhalten.
Wo kein Rollladen für Dunkelheit sorgt,
können lichtundurchlässige Vorhänge helfen.
Auch Matratze, Lattenrost und Bettgestell tragen
ihren Teil zu sanftem Schlummer bei.
Deshalb: In Ruhe auswählen und sich
in Fachgeschäften beraten lassen.
Probeliegen inklusive!

Schlummertipp

Foto: Arcaid/Masterfile

Wie man
sich *bettet*,
so liegt man.

Sprichwort

Weißt du wie viel Sternlein stehen
an dem blauen Himmelszelt –
wer kennt nicht das alte Kinderlied ...
Und auch heute noch hat der Blick
hoch hinauf ins Sternenmeer nicht an
Faszination verloren. Selten offenbart sich uns
die unfassbare Weite des Universums
so schön wie in einer
sternenklaren *Nacht.*

Foto: jamenpercy/fotolia

Wagt man den Griff
nach den Sternen,
ist man sofort dem
Himmel
ein Stück näher.

Yvonne Mölleken

Foto: iStockphoto/Thinkstock

Kleine *Freuden*
wärmen das Herz.

aus Italien

Süße Betthupferl

Für den Teig:
250 g Butter, 250 g Zucker, 6 Eier, 100 g Schokostreusel,
6 TL Backkakao, 250 g geriebene Mandeln, 100 g Mehl.
Nach Belieben: Puderzucker oder Schokoladenglasur
zum Verzieren.

✦

Die Butter in einer Schüssel schaumig rühren. Zucker und Eier abwechselnd dazugeben. Schokostreusel, Kakao, Mandeln und Mehl unterrühren. Den Teig auf ein mit Backpapier ausgelegtes Blech geben und gleichmäßig verteilen. Bei 200°C ca. 25 Minuten backen. Aus dem Ofen nehmen und den noch warmen Teig in kleine Quadrate schneiden. Abkühlen lassen und mit Puderzucker bestäuben oder mit Schokoladenglasur überziehen.

Schlummertipp

Glück ist, ein Zuhause
zu haben, einen Ort,
der Zuflucht und
Geborgenheit
schenkt.
Marla Lennard

Foto: Natasha Nicholson/Masterfile

Leise Schlummerlieder singet
noch das Meer im Abendwind.
Und ins warme Bettchen bringet
jede Mutter nun ihr Kind.
Wohl geborgen,
frei von Sorgen,
schlummert's ein,
sein Engel wacht.
Gute Nacht!

aus „Gute Nacht" von Stine Andresen

Liebe gibt den Sternen
am Nachthimmel ihre
Strahlkraft.
Friederike Weichselbaumer
Foto: Jürgen Wackenhut/f1online

Schließ' ich nun auch Herz und Mund,
die so gern den Sternen klagen:
leise doch im Herzensgrund
bleibt das linde Wellenschlagen.

aus „Die Nachtblume" von Joseph von Eichendorff

Foto: mythja/fotolia

Wenn du das Bedürfnis nach Kräftigung empfindest – ziehe dich zurück von der *Welt.*

Henry David Thoreau

Die Hektik des Alltags abstreifen,
die Gedanken ziehen lassen,
nichts tun, welch ein *Genuss!*

Ursula Kohaupt

Nachtruhe

Das Schlafzimmer ist zum Schlafen da – so einfach das klingt, so selten wird dieser Grundsatz berücksichtigt.

✦

Sei es der Schreibtisch, das Bügelbrett, der Fernseher – all diese Dinge machen aus dem Rückzugsort einen Arbeits- oder Freizeitbereich. Wenn es sich nicht vermeiden lässt, dass man das Schlafzimmer auch anderweitig nutzt, sollte man zumindest versuchen, wieder Ruhe einkehren zu lassen, bevor man ins Bett geht: Das Bügelbrett außer Sichtweite stellen, die Arbeitsunterlagen wegräumen und den Fernseher ausschalten. Auch Raumteiler, Vorhänge oder Pflanzen kann man sich zunutze machen, um die verschiedenen Bereiche voneinander abzugrenzen.

Schlummertipp

Bei Lichte besehen
sind Ruhe
und Glück
überhaupt dasselbe.
Theodor Fontane
Foto: Chris Warren/Loop Images/Corbis

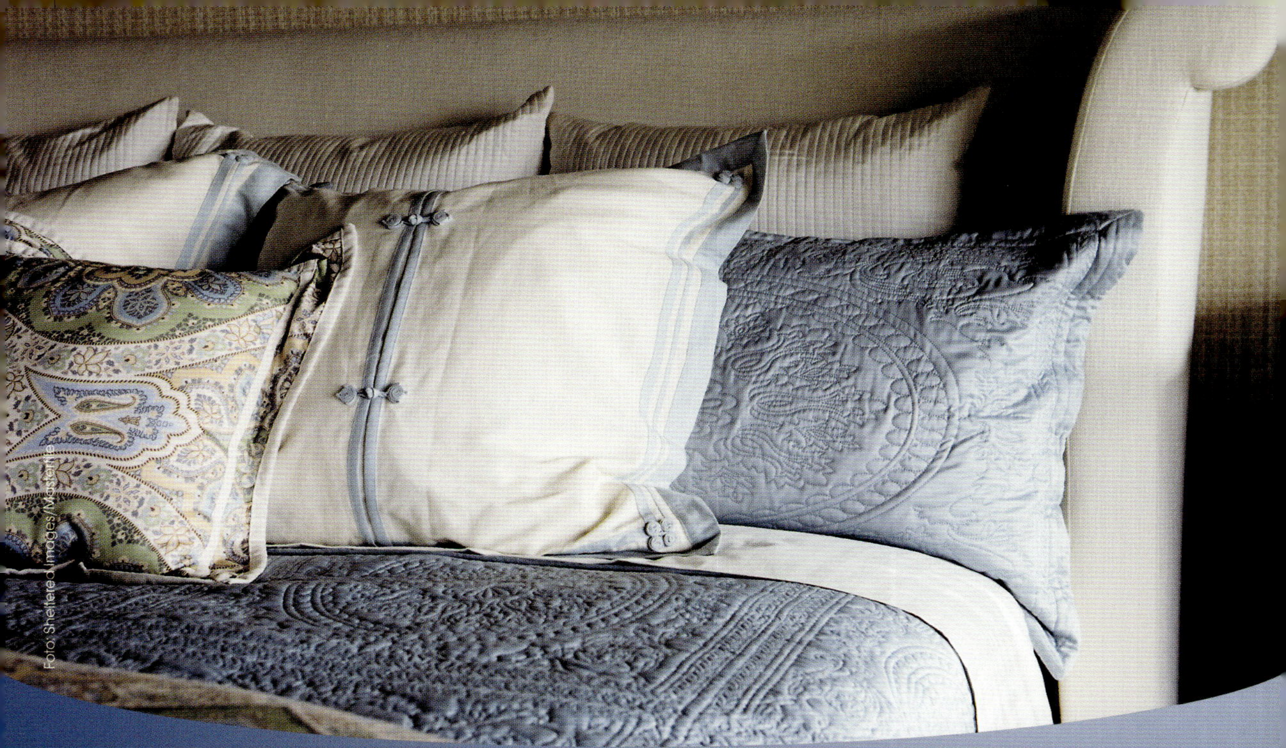

Foto: Sheltered Images/Masterfile

Ich habe nie irgendwelche Freiübungen unternommen, mit Ausnahme von *schlafen* und ausruhen.

Mark Twain

Schlafe darüber,
ehe du sprichst.

aus Ägypten

Die *Nacht*
ist niemals einsam,
wenn der Stern eines
Lebensziels sie erhellt.

Jens Peter Jacobsen

to: Kord.com/age fotostock/Getty Images

Willkommen, klare Sommernacht,
die auf betauten Fluren liegt!
Gegrüßt mir, goldne Sternenpracht,
die spielend sich im Weltraum wiegt!

aus „Stille der Nacht" von Gottfried Keller

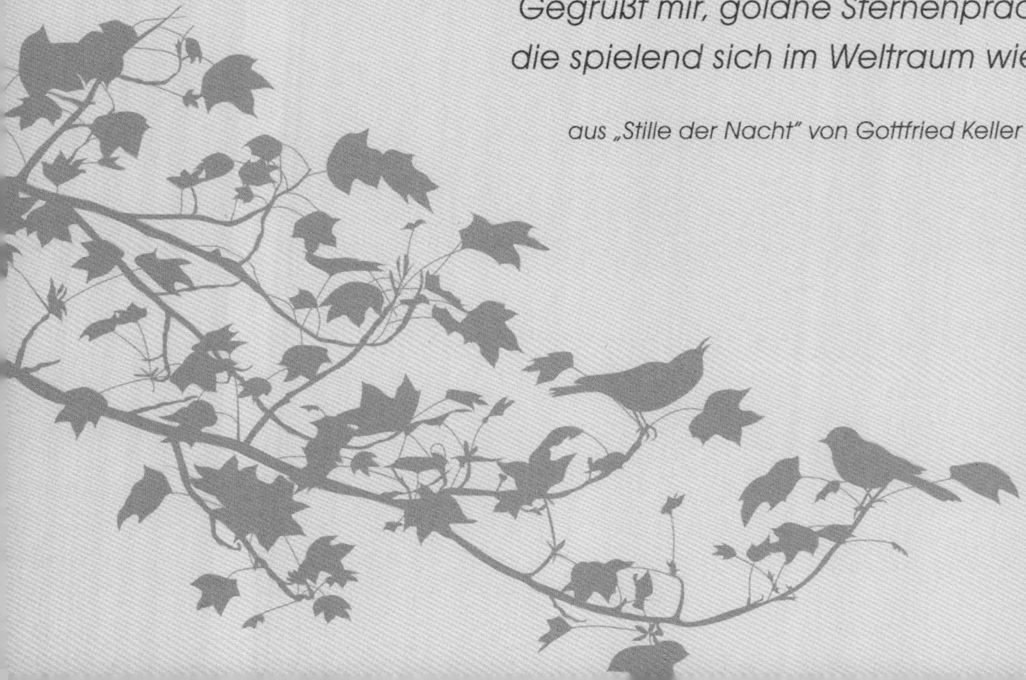

Foto: Doug Chinnery/Flickr/Getty Images

Es gibt kein vollkommeneres *Glück*
als die Ruhe in sich selbst.

Günter Goepfert

Nichts *versüßt*
unser Dasein mehr
als eine gewisse Seelenruhe.

Friedrich der Große

Eine Kerze anzünden und ihren
hellen Schein im Dunkeln bewusst
wahrnehmen, die Wärme spüren,
die von der Flamme ausgeht und
beobachten, wie das kleine Licht
beim sanftesten Lufthauch flackert –
und nichts als *Stille*
hören.

Stille und Ruhe
bringen die ganze Welt
ins rechte Maß zurück.
Laotse
Foto: Hemera/Thinkstock

Die kleinen *Lichter*
eines Flugzeugs am Nachthimmel
entdecken und in Gedanken
mit auf die Reise gehen –
ganz egal wohin!

Verloren ist keiner,
der noch
träumen kann.
Carol Ann Hierl
Foto: iStockphoto/Thinkstock

Foto: iStockphoto/precinbe

Man muss aus der *Stille* kommen,
um etwas Gedeihliches zu schaffen.
Nur in der Stille wächst dergleichen.

Kurt Tucholsky

Wenn die Felder sich verdunkeln,
fühl ich, wird mein Auge heller;
schon versucht ein Stern zu funkeln,
und die Grillen wispern schneller.

aus „Manche Nacht" von Richard Dehmel

Ruhe im Herzen ist
die Quelle aller
Zufriedenheit.

unbekannt

Foto: iStockphoto/Thinkstock

Gönne dir auch Ruhe,
denn in der Ruhe
kommst du wieder
zu dir.

Bruno S. Sörensen

Schöne Gedanken

Manchmal will das Gedankenkarussell einfach nicht zur
Ruhe kommen – dagegen gibt es ein wirksames Rezept:
Unliebsame Gedanken verschwinden fast wie von selbst,
wenn wir unsere Aufmerksamkeit auf etwas anderes lenken.
Also: Einfach an etwas Schönes denken!
Ob an einen traumhaften Sonnenuntergang,
ein gemeinsames Fest mit Freunden oder
den nächsten Urlaub ...
Am besten gleich beim nächsten Schlafengehen
ausprobieren – und sanft ins
Reich der Träume gleiten!

Schlummertipp

Eine Stimmung einfangen,
genießen und festhalten –
welch ein Geschenk.
Katharina Eisenlöffel
Foto: iStockphoto/Alexandr Dubovitskiy

Irgendwo dort oben
leuchtet ein Stern –
ganz für dich allein!
Nina Sandmann

Foto: Hemera/Thinkstock

Ohne die Nacht
wüssten wir nichts
von der
Sternenwelt.
Sprichwort

Man muss träumen wollen,
um träumen zu können.
Charles Baudelaire

Foto: Tim Kiusalaas/Corbis

Lass dich von
einem Traum tragen,
und du erlebst
Wunder!

Yvonne Mölleken

Süßer Friede! Wollest walten
und beherrschen jedes Herz.
Und in freundlichen Gestalten
schwebet, Träume, erdenwärts,
bis die Sonne voller Wonne
uns am Morgen wieder lacht.
Gute Nacht!

aus „Gute Nacht" von Stine Andresen

Foto: mythja/fotolia

Nimm dir Zeit,
in dir selbst zu ruhen.
Höre auf die
Weisheit
deines Herzens.

Carol Ann Hierl

Foto: iStockphoto/AVTG

Bei einem Blick *ins Weite*
erholen und entspannen sich nicht nur die Augen,
sondern auch der Mensch.

Paul Wilson

Herzens Den Puls des eigenen *Herzens* fühlen.
Ruhe im Innern, Ruhe im Äußern.
Wieder Atem holen lernen,
das ist es.

Christan Morgenstern

Wenn man die *Ruhe*
nicht in sich selbst findet,
ist es umsonst, sie
anderswo zu suchen.

François de La Rochefoucauld

Foto: iStockphoto/Thinkstock

Wie schön Ruhe und *Stille* sein können,
zeigen die Bilder, die sich in ihnen malen.

Friederike Weichselbaumer

Blicke oft zu den Sternen empor –
als wandelst du mit ihnen.
Solche Gedanken
reinigen die Seele.
Marc Aurel
Foto: iStockphoto/Thinkstock

Möge der Segen der nächtlichen Stille
mir geschenkt sein.
Möge der Segen des Mondlichtes
mir geschenkt sein, um meine Seele
im Schlaf zu erfrischen, meine nächtlichen Träume
zu erleuchten, meinen Geist zu öffnen für die Ewigkeit,
bis die Engel des Lichtes mich aufwecken
und die Morgenengel mich in den Tag rufen.

aus Irland

Wohlfühloase

Das Schlafzimmer – ein Raum, der Ruhe schenkt.
Dafür sollte dieser ganz persönliche Rückzugsort
so behaglich wie möglich eingerichtet sein:
sanfte, warme Farben, indirektes Licht, kuschelige Bettwäsche ...
In Zeitschriften und Büchern, aber auch in Baumärkten und
Möbelhäusern kann man sich dazu viele Inspirationen holen,
die sich oft mit kleinen Tricks und Kniffen leicht umsetzen lassen.
Je gemütlicher das Schlafzimmer,
desto besser lässt es sich schlummern!

Schlummertipp

Foto: iStockphoto/Thinkstock

Mach dein Zuhause zu einer *Oase*
ohne Lärm und Hast; gönne dir einen Rückzugsort,
wo dein Geist zur Ruhe kommen kann.

Marielle Schumann

Es gibt kein Glück, das der
inneren Stille
gleichkäme.
Simone Weil
Foto: Thomas Oser/fotolia

Wenn die *Gedanken* sich verlangsamen, kehrt innere Stille ein.

Patrice Jeancourt

Wenn wir *Glücksmomente*
in Erinnerung behalten
und sie in Dankbarkeit verwalten,
kann sich ein Glücksgefühl entfalten,
das tief im Herzen bleibt erhalten.

Ottilia Maag

Foto: Adam Burton/Robert Harding World Imagery/Corbis

Glück ist, am Abend *dankbar*
auf den Tag zurückzublicken.

Nina Sandmann

So wie nicht jeder träumt,
der schläft, so schläft
auch nicht jeder,
der *träumt.*

Georg Christoph Lichtenberg

Foto: iStockphoto/Thinkstock

Nimm dir *Zeit*, um zu träumen,
es ist der Weg zu den Sternen.

aus Irland

Was wäre, wenn du schliefest?
Und wenn in deinem Schlaf du träumtest?
Und wenn in deinem Traum du in den Himmel stiegest
und pflücktest eine seltene, schöne Blume?
Was, wenn du dann erwachtest und hieltest
diese Blume in der Hand?
Was dann?

Samuel Taylor Coleridge

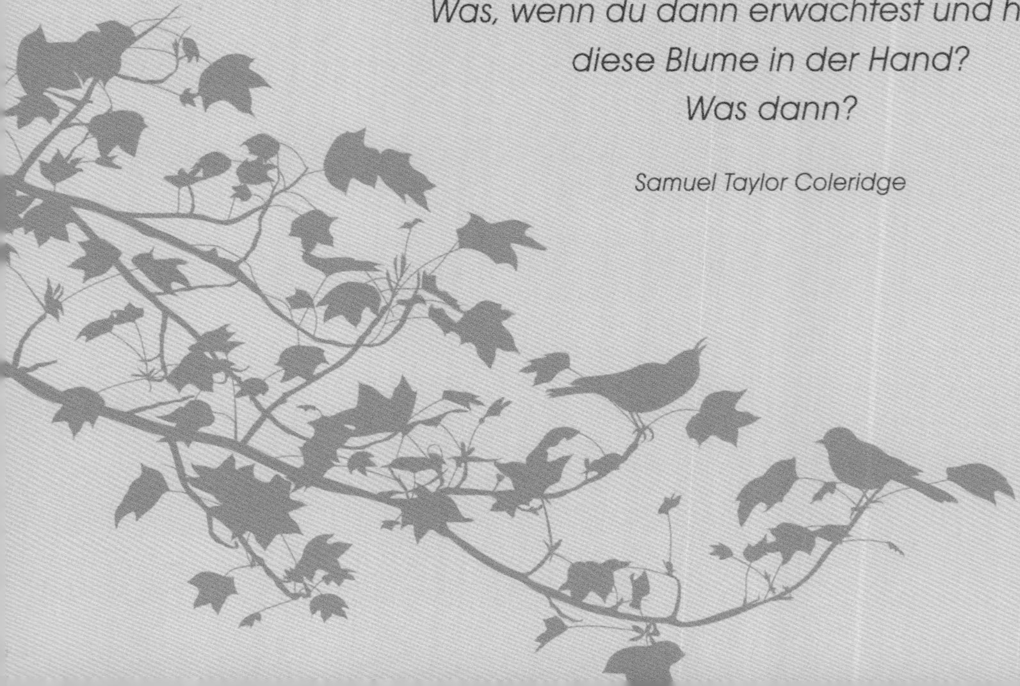

Foto: Tanaka Yosuke/Aflo/Getty Images

Träumen heißt, etwas Ersehntes
mit dem Herzen erleben,
noch ehe es Wirklichkeit geworden ist.

Irmgard Erath

Wenn wir die Natur auf
uns wirken lassen, werden wir
ruhig und finden zurück
zu uns selbst.
Marielle Schumann
Foto: Almgren/fotolia

Abend-spaziergang

Das beste Mittel, um den Kopf frei zu bekommen,
ist ein kleiner Spaziergang: raus in die Natur und
die Gedanken zur Ruhe kommen lassen.
Die Bewegung an der frischen Luft baut Stress ab,
macht zudem angenehm müde und
sorgt für die nötige Bettschwere.
Und wie schön erst, wenn man bei einem
geruhsamen Abendspaziergang noch
einen wunderbaren Sonnenuntergang
genießen kann!

✦

Schlummertipp

Fernab des Alltäglichen
bleibt Zeit zum Ruhen und
Entspannen.

Ulla Landeck

Foto: Marco Cristofori/Corbis

Nur die Ruhe ist die Quelle
jeder großen *Kraft.*

Marc Aurel

Genießer-momente

„Abwarten und Tee trinken", besagt eine bekannte Redensart. Und tatsächlich kann eine Tasse Tee dabei helfen, die Hektik des Alltags hinter sich zu lassen: die Wärme spüren, das wunderbare Aroma riechen ... Besonders beruhigend und schlaffördernd sind dabei Tees aus Heilkräutern wie Baldrian, Hopfen, Johanniskraut, Lavendel, Melisse, Orangenblüten oder Passionsblume.

✦

Schlummertee:

Getrocknete Melissenblätter, Hopfenzapfen und Baldrianwurzel zu gleichen Teilen in einer Teedose vermengen. Pro Tasse einen Esslöffel der Teemischung mit heißem Wasser aufgießen und 10–15 Minuten ziehen lassen.

Schlummertipp

Foto: StockFood/Emotive Images GmbH/FC

Abschalten.
Sich Zeit lassen.
Die Welt vergessen.
Glücklich
sein.

Jeremy A. White

Im fließenden Wasser kann man sein
eigenes Bild nicht sehen, wohl aber
in ruhendem *Wasser.*

Laotse

Wahrnehmen, wie sehr man sich
dem schnellströmenden Fluss des Alltags
angepasst hat, und in Achtsamkeit
gegenüber dem eigenen *Ich*
die Geschwindigkeit vermindern und zu
einem ruhigen Dahinfließen finden.

Der größte *Sinnengenuss*
ist Ruhe nach der Arbeit.

Immanuel Kant

Foto: Trish Punch/ /Design Pics/Corbis

Am *Abend* schätzt man erst das Haus.

Johann Wolfgang von Goethe

Jede dunkle Nacht
hat ein helles Ende.
aus dem Orient
Foto: iStockphoto/Thinkstock

Nachteule oder Lerche?

Jeder Mensch hat sein ganz persönliches Schlafbedürfnis: Der eine braucht nur sechs Stunden, um richtig ausgeruht zu sein, ein anderer acht. Auch der Schlaf-Wach-Rhythmus ist individuell: Während manche schon frühmorgens zur Höchstform auflaufen, braucht der Morgenmuffel ein wenig länger, um in die Gänge zu kommen – dafür wird der eine wieder früher müde, während der andere auch zu späterer Stunde noch fit und munter ist. Für alle aber gilt: Wer erst mal seinen eigenen Schlafrhythmus gefunden hat, sollte diesen möglichst beibehalten – also immer zur gleichen Zeit abends ins Bett und morgens aus den Federn.

Schlummertipp

Jeder Traum beginnt
mit einem Gedanken
der *Sehnsucht.*

Irmgard Erath

Träumen heißt manchmal auch,
bekannte Wege zu verlassen,
sich den Höhenflügen der Fantasie anzuvertrauen,
das scheinbar Unmögliche zu denken
und sich vielleicht eine Vision zu schaffen,
die dann Schritt für Schritt
Wirklichkeit werden darf.

Ursula Kohaupt

Langsamkeit entdecken

An manchen Tagen versuchen wir, uns selbst zu überholen: dies, das und jenes muss erledigt werden – so schnell wie es irgendwie geht und natürlich auch noch möglichst perfekt. Wer den ganzen Tag unter Hochspannung steht, dem fällt es abends umso schwerer runterzufahren, denn der ganze Körper ist auf Aktivität ausgerichtet. Deshalb auch tagsüber an kleine Pausen denken: kurz anhalten, einen Gang zurückschalten und in ruhigem, gleichmäßigem Tempo „weiterfahren".

Schlummertipp

Übe dich in
Langsamkeit.
Novalis
Foto: iStockphoto/Thinkstock

Gib den Füßen *Ruhe*,
aber auch dem Herzen.

aus Afrika

Die Ruhe der Seele ist ein

herrliches Ding.

Johann Wolfgang von Goethe

Dass ein sanfter Schlummer
stärke alle, die zur Ruhe gehn,
um zu neuem Tagewerke
neu gekräftigt aufzustehn.
Mut zum Leben, Kraft zum Streben
werde Jedem dargebracht.
Gute Nacht!

aus „Gute Nacht" von Stine Andresen

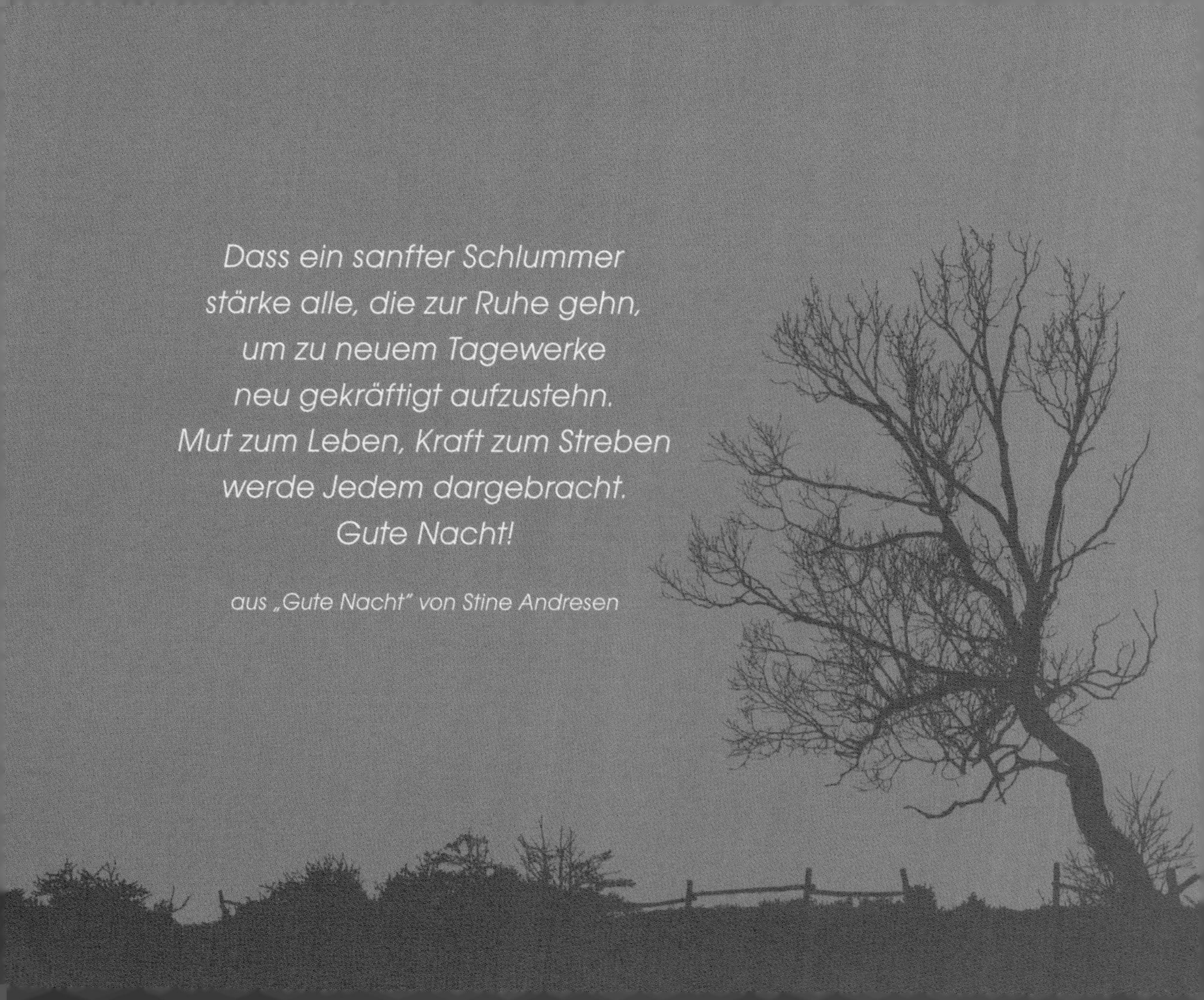

Foto: Steven Lam/Photographer's Choice/Getty Images

Der *Mensch* braucht Stunden, wo er sich sammelt und in sich hineinlebt.

Albert Einstein

Wer wagt, durch das Reich
der Träume zu schreiten,
gelangt zur
Wahrheit.
Johann Wolfgang von Goethe

Foto: Simon McComb/cultura/Corbis

Lass dem Leben seine Träume,
jeder Traum birgt ein *Stück Leben.*

Friederike Weichselbaumer

Foto: Fernando Bengoechea/Beateworks/Corbis

Ruhe ist Glück – wenn sie ein *Ausruhen* ist.

Ludwig Börne

Das *Glück* ist eine Frage
des Ausgeschlafenseins.
Verschlafe, wenn du Talent hast,
die volle Hälfte deines Lebens,
du wirst die andere doppelt
gelebt haben.

Carl Ludwig Schleich

Wie schön hier zu verträumen,
die Nacht im stillen Wald,
wenn in den dunklen Bäumen
das *alte Märchen* hallt.

Joseph von Eichendorff

Blicke in die Natur und *beruhige* dein Gemüt.

Ludwig van Beethoven

Foto: Kate Kunz/Corbis

Es ist so leicht,
unwillkommene
Gedanken
zurückzuweisen,
und schon hat
man seine
Ruhe
wieder.

Marc Aurel

Inneren Frieden

wird nur erlangen, wer Unwesentliches
unbeachtet lässt und sich allein um
Wesentliches besorgt.

Bernhard von Clairvaux

Was wir loslassen,
kann uns nicht mehr festhalten.
Ernst Ferstl

Foto: iStockphoto/Akhhararat Wathanasing

Lerne loszulassen, das ist
der Schlüssel zum *Glück.*

Buddha

Das kleine Glück
nährt sich vom
täglichen
Genuss.

Ursula Kohaupt

Besser (ein)schlafen

Gewohnheiten helfen uns dabei, den Tag zu strukturieren und Ruhe in unser Leben zu bringen. Das gilt besonders, wenn es um den wohlverdienten Schlaf geht: Ob noch ein wenig in einem guten Buch schmökern, Tagebuch schreiben oder warme Milch mit Honig trinken – ein ganz persönliches Einschlafritual begleitet uns sanft ins Reich der Träume.

✦

Omas Klassiker: Milch mit Honig
200 ml Milch erwärmen (nicht kochen!), den Topf vom Herd nehmen und 1 TL Honig in die Milch einrühren. Wer mag, gibt noch ein wenig gemahlenen Zimt oder Kardamom dazu – hm, lecker!

Schlummertipp

*Still und lieblich ist die Nacht,
droben strahlt die Flur der Sterne,
in der wunderbaren Pracht
ist uns nah des Himmels Ferne.
Lasset uns nach oben schauen,
wo die Sterne leuchtend stehn,
neue Kraft und Gottvertrauen
wird das tiefe Herz umwehn!*

aus „Still und lieblich ist die Nacht" von August Auch

Ich küsse die Sonne,
umarme den
Mond
und halte ihn fest …
Hildegard von Bingen

Foto: iStockphoto/Thinkstock

Nur wer träumt,
gelangt zur Weisheit.
indianische Weisheit

Foto: John Foxx/Stockbyte/Thinkstock

Träumen heißt durch den *Horizont* blicken.

aus Afrika

Foto: Comstock/Thinkstock

Selig ist der Mensch,
der mit sich in
Frieden lebt.
Es gibt auf Erden
kein größeres Glück.

Buddha

Wie liegt im Mondenlichte
begraben nun die Welt;
wie selig ist der Friede,
der sie umfangen hält!

aus „Mondlicht" von Theodor Storm

Halte ein, wenn es Zeit ist innezuhalten.

Buddhistische Weisheit

Einen Moment innehalten und noch einmal
auf die Ereignisse des vergangenen Tages
zurückschauen: Kummer, Ärger und Sorgen
loslassen – und
Danke sagen für alles *Schöne*,
das dir heute begegnet ist.

Der kann sanft schlafen,
der ein reines Herz hat.
unbekannt

Foto: harles Maraia/Image Source/Corbis

Meinen Kopf auf eine
weiße Wolke
bettend, schlafe ich ein.

Han Shan

Wenn ich in Nächten wandre,
ein Stern wie viele andre,
so folgen meiner Reise
die goldnen Brüder leise.

aus „Wanderung zur Nacht" von Klabund

Hoffnung
ist der helle Stern
am Himmel,
der auch leuchtet,
wenn es dunkel ist.
Margarete Brugger

Foto: iStockphoto/Thinkstock

Foto: Wieselpixx/fotolia

Wer es versteht, sich kleine Oasen
im Alltag zu schaffen,
versteht viel vom *guten Leben.*

Anna Auwald

Wohltuende Wärme

Wer kennt das nicht – trotz kuscheliger Bettdecke
sind die Füße eiskalt ...

✦

Ein wärmendes Fußbad schafft Abhilfe:
Etwa 30 Gramm Ingwer in Scheiben schneiden,
in eine große, flache Schüssel geben und
mit kochendem Wasser übergießen.
Das Ingwerwasser solange ziehen lassen,
bis es eine angenehme Temperatur erreicht hat.
Die Füße etwa 15 Minuten darin baden,
danach abtrocknen und warme Socken überziehen.
Nicht nur die Füße, der ganze Körper
ist nun mollig warm –
Entspannung pur!

Schlummertipp

Der Sinn der Ruhe ist: Erfüllt sein von allem.
Friedrich Kayssler

Foto: iStockphoto/Thinkstock

Die *Schönheit* der Welt ist für
den ruhigen Genuss geschaffen.

Johann Gottfried Herder

Einen Wunsch auf die Reise schicken,
hoch hinauf zu den Sternen,
in der Hoffnung, dass er in Erfüllung geht.
Ist es nicht eine wunderbare Vorstellung,
dass es eine Himmelsmacht gibt,
die uns hilft, unsere *Träume*
zu leben?

Foto: Scott Barrow/Corbis

Der *Traum* belehrt uns auf eine merkwürdige Weise von der Leichtigkeit unserer Seele.

Novalis

Foto: iStockphoto/Thinkstock

Mein ganzes Wesen verstummt und lauscht,
wenn der leise geheimnisvolle
Hauch des Abends mich anweht.

Friedrich Hölderlin

Übern Garten durch die Lüfte
hört' ich Wandervögel ziehn,
das bedeutet Frühlingsdüfte,
unten fängt's schon an zu blühn.
Jauchzen möcht' ich, möchte weinen,
ist mir's doch, als könnt's nicht sein!
Alte Wunder wieder scheinen
mit dem Mondesglanz herein.
Und der Mond, die Sterne sagen's,
und in Träumen rauscht's der Hain,
und die Nachtigallen schlagen's:
„Sie ist deine, sie ist dein!"

Joseph von Eichendorff

Foto: Digital Vision/Thinkstock

Die *Natur* ist ein
sehr gutes Beruhigungsmittel.

Anton Tschechow

Es gibt Wichtigeres
im *Leben*,
als beständig dessen
Geschwindigkeit zu erhöhen.

Mahatma Gandhi

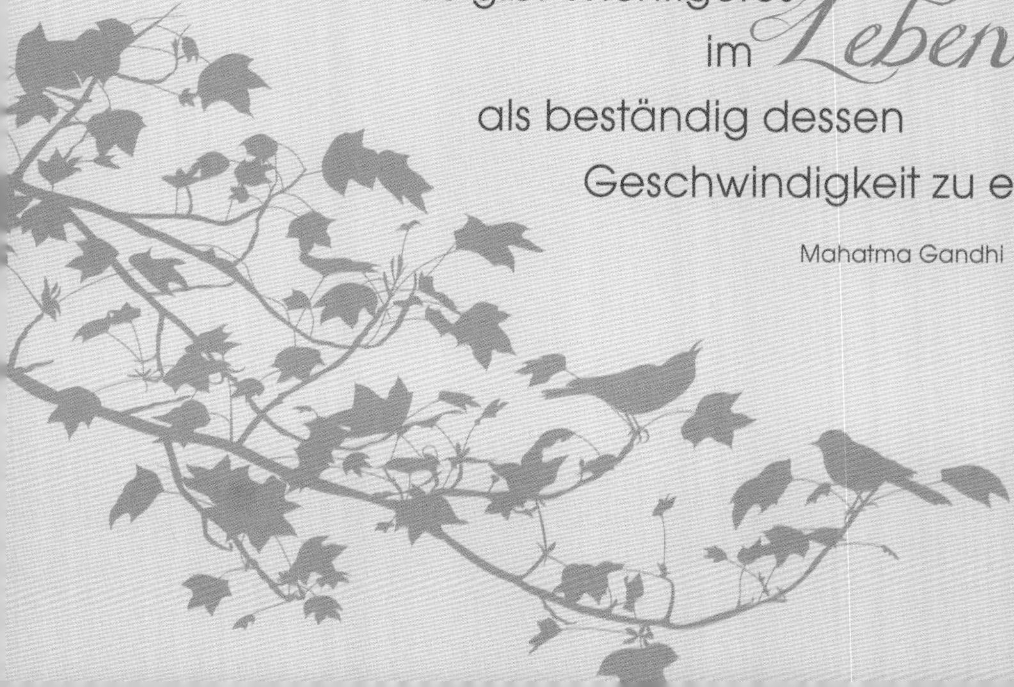

Gönne dich dir selbst! Ich sage nicht:
Tu das immer. Aber ich sage:
Tu es wieder einmal. Sei wie für alle
für dich anderen Menschen auch
selbst da.

Bernhard von Clairvaux

Man sollte sich *Entspannung* gönnen.

Seneca

Oft sind es gut
genutzte Mußestunden,
in welchen der Mensch
das Tor zu einer
neuen
Welt
findet.

George M. Adams

Der Traum ist die offene Tür
zu unserer inneren Wahrheit.
Er ist der Wachzustand unserer Seele.
Ein Tor zu unserer inneren
Lebendigkeit.

Konfuzius

Nichts ist beneidenswerter als eine Seele,
die schwärmen kann.
Schwärmen ist fliegen,
eine himmlische Bewegung
nach oben.
Theodor Fontane
Foto: kesipun/fotolia

Und meine Seele spannte
weit ihre Flügel aus,
flog durch die stillen Lande,
als flöge sie nach Haus.
aus „Mondnacht" von Joseph von Eichendorff

Foto: iStockphoto/hiphunter

Erholung tut Leib und Seele gut.

aus Deutschland

Was der *Schlaf*
für den Körper,
ist die Freude für den Geist:
Zufuhr neuer Lebenskraft.

Rudolf von Ihering

Der Schlaf macht uns offener
für andere Wirklichkeiten.
Er zeigt uns die leisen und
eindringlichen Wahrheiten,
die der Lärm des Tages
nicht vordringen lässt
in unser *Herz.*

Konfuzius

Foto: Akira Matoba/amanaimages/Corbis

Keine geringe *Kunst* ist Schlafen.

Friedrich Nietzsche

Wie oft stand ich im *Dunkel*
meines Gartens, blickte hinauf
zu der lichten Sternenhöhe und
ließ mein Ohr von den Akkorden
dieses Schöpfungsliedes erfüllen.

Theodor Storm

Foto: Digital Vision/Thinkstock

Stille ist nicht Abwesenheit von Lärm, sondern ein Schweigen, das den Menschen Augen und Ohren öffnet für eine andere *Welt*.

Serge Poliakoff

Foto: Bernard Radvaner/Corbis

Unser Ziel sei der

Frieden

des Herzens.

Peter Rosegger

Ganz in sich ruhen,
langsam einatmen und ausatmen,
beständig und ruhig,
den eigenen Herzschlag hören,
das Geschenk des Lebens spüren,
fühlen, wahrnehmen –
und einfach nur *glücklich* sein.

Nacht ist schon hereingesunken
schließt sich heilig Stern an Stern,
große Lichter, kleine Funken
glitzern nah und glänzen fern;
glitzern hier im See sich spiegelnd,
glänzen droben klarer Nacht,
tiefsten Ruhens Glück besiegelnd
herrscht des Mondes volle Pracht.

Johann Wolfgang von Goethe

Das Licht der
Herrlichkeit
scheint mitten
in der Nacht.
Wer kann es sehn?
Ein Herz, das Augen
hat und wacht.
Angelus Silesius
Foto: Hemera/Thinkstock

Wohlfühlduft

Düfte tragen ganz entscheidend
zu unserem Wohlbefinden bei.
Für das Schlafzimmer eignet sich besonders
ein Duftstein oder eine Schale mit Wasser.
Schon ein paar Tropfen Duftöl genügen
und der Wohlfühlduft verbreitet sich im ganzen Raum.
Gut zum Entspannen und Einschlafen sind
vor allem Duftöle mit Lavendel, Melisse,
Orangenblüte, Rosenblüte oder Zimt.

Schlummertipp

Foto: iStockphoto/Liv Friis-Larsen

Der innere Frieden
ist die Wohlfühloase
des *Herzens.*

Irmgard Erath

Foto: iStockphoto/Thinkstock

Jeder schöne Traum macht
das Leben *leichter.*

Friederike Weichselbaumer

Ich empfehle das
Träumen; wir *leben*
und empfangen so gut im Traum
als im Wachen und sind jenes
so gut als dieses, es gehört mit
unter die Vorzüge des Menschen,
dass er träumt und es weiß.

Georg Christoph Lichtenberg

Ruhe
sammelt zerstreute Kräfte.
Zenta Maurina

Nur im ruhigen Wasser spiegelt
sich das Licht der *Sterne.*

aus China

Wenn die Nacht
am dunkelsten,
ist die Dämmerung
am nächsten.
aus Amerika

Foto: Comstock/Thinkstock

Willst du schon gehen?
Der Tag ist ja noch fern.
Es war die Nachtigall,
und nicht die Lerche,
die eben jetzt
dein banges Ohr durchdrang;
sie singt des Nachts
auf dem Granatbaum dort.
Glaub, Lieber, mir:
Es war die Nachtigall.

aus „Romeo und Julia" von William Shakespeare

Himmlischer, als jene blitzenden Sterne,
dünken uns die *unendlichen Augen,*
die die Nacht in uns geöffnet.

Novalis

Nachts ist es schön,
an das Licht zu glauben.
Edmond Rostand

Foto: iStockphoto/Thinkstock

Nur in der *Tiefe der Seele,*
mithilfe jener Kraft, die stärker
ist als alle Vernünftigkeit,
kann Trost und Ruhe
gefunden werden.

Wilhelm Busch

Aus *Ruhe* und
Besinnung erwächst
die Kraft zu neuen
Unternehmungen.

Walter Reisberger

Es war, als hätt' der Himmel
die Erde still geküsst,
dass sie im Blütenschimmer
von ihm nun träumen müsst'.

aus „Mondnacht" von Joseph von Eichendorff

Foto: iStockphoto/Thinkstock

Wenn ich das Wunder eines Sonnenuntergangs
oder die Schönheit des Mondes
bewundere, weitet sich meine *Seele.*

Mahatma Gandhi

Hebe deine Augen auf
und du wirst die
Sterne sehen.
von den Philippinen
Foto: Tjefferson/fotolia

In uns selbst liegen
die Sterne unseres
Glücks.
Heinrich Heine

Fasse frischen Mut!
So lang ist keine Nacht,
dass endlich nicht der
helle Morgen
lacht.
William Shakespeare

Foto: iStockphoto/Thinkstock

Nur *Träumer*
finden ihren Weg durchs Mondlicht
und erleben
die Morgendämmerung,
bevor die Welt erwacht.

Oscar Wilde

Die Sonne geht unter,
damit Nacht werde
und Menschen sich über
eine neue
Morgenröte
freuen können.

Johann Gottfried Herder

Foto: Comstock/Thinkstock

Im Sternenverglimmen wohnt der neue Tag,
neues Leben,
neues Licht, Hoffnung, Zuversicht.

Hans-Josef Buhre

Beginne
jeden Morgen
mit einem
guten
Gedanken.

Carl Hilty

Jeden Morgen dürfen
wir neu anfangen.
Jeder Tag bietet
neue Möglichkeiten
zum *Glücklichsein.*

Merle Berghoff

Hinter dem Schleier jeder Nacht verbirgt sich ein lächelnder *Morgen.*

Khalil Gibran

Die ersten Sonnenstrahlen
am Horizont aufblitzen sehen,
die frische Morgenluft einatmen,
den kühlen Tau unter den Füßen spüren –
willkommen *neuer Tag!*

Bildnachweis:
Titelbild, S. 190: iStockphoto/Thinkstock, Reka Solymosi – rekafoto.com/Flickr/Getty Images.
Grafische Elemente (mehrfache Verwendung im Innenteil): iStockphoto/A-Digit (Silhouette Vögel auf Ast), iStockphoto/Thinkstock (Silhouette Baum, Fond mit Lichtreflexen), JiSIGN/fotolia (Silhouette Stadt), vg-design/fotolia (Silhouette Straßenlaterne).

Textnachweis:
Wir danken allen Autoren bzw. deren Erben sowie den folgenden Verlagen, die uns freundlicherweise die Erlaubnis zum Abdruck von Texten erteilt haben: S. 8: Simone Weil, Cahiers. Aufzeichnungen, (hg. und übersetzt von Elisaeth Edl und Wolfgang Matz), 4 Bde. © Carl Hanser Verlag, München; S. 170: © Maximilian Dietrich Verlag, Memmingen.

Idee und Konzept:
Groh Verlag. Printed in Malaysia.

ISBN 978-3-8485-1065-8

FSC www.fsc.org
MIX
Papier aus verantwortungsvollen Quellen
FSC® C012700

137008-5052-01

Ein Lächeln schenken

Geschenke sollen ein Lächeln auf Gesichter zaubern und die Welt für einen Moment zum Stehen bringen. Für diesen Augenblick entwickeln wir mit viel Liebe immer neue GROH-Geschenke, die berühren.

In ihrer großen Themenvielfalt und der besonderen Verbindung von Sprache und Bild bewahren sie etwas sehr Persönliches.

Den Menschen Freude zu bereiten und ein Lächeln zu schenken, das ist unser Ziel seit 1928.

Ihr

Joachim Groh